KORPORATION DER KAUFMANNSCHAFT VON BERLIN
HANDELS-HOCHSCHULE BERLIN

Umgestaltung und Neuorientierung des Handels infolge des Krieges

Festrede bei Übernahme des Rektorats und zur Eröffnung des 11. Studienjahres gehalten in der Aula der Handels-Hochschule Berlin

von

Professor Dr. Johann Friedrich Schär
zurzeit Rektor der Handels-Hochschule

Berlin 1916
Druck und Verlag von Georg Reimer

Hochangesehene Festversammlung!

Nachdem ich durch meinen Amtsvorgänger offiziell in mein neues Amt als Rector Magnificius der Handels-Hochschule Berlin eingesetzt worden bin, wende ich mich an Sie, hochverehrte Herren und Damen, an die Herren Ältesten, die die Handels-Hochschule ins Leben gerufen, an die Vertreter des Ministeriums für Handel und Gewerbe, unsere oberste Aufsichtsbehörde, an den großen Kreis unserer Gönner und Freunde, an meine Herren Kollegen und an Sie, liebwerte Kommilitonen, um in ernster Zeit ein ernstes Wort mit Ihnen zu sprechen. Vergessen wir es nicht: während wir hier eine Friedensfeier begehen, ist die große Mehrzahl der Studenten mit Millionen ihrer Kriegskameraden draußen auf der Wacht, in Ost und West, in Süd und Nord. Sie leiden, kämpfen, bluten, sterben für uns; denn es geht ums Ganze, um Sein oder Nichtsein des deutschen Reiches und der germanischen Kultur. Damit ist auch das Thema unserer Betrachtung von selbst gegeben. Es heißt: Krieg und Handels-Hochschule, von dem ich das Teilthema herausgreife:

„Umgestaltung und Neuorientierung des Handels infolge des Krieges."

Auch nur ein oberflächlicher Blick auf die Zustände der Gegenwart belehrt uns, daß das ganze wirtschaftliche Leben während des Krieges und durch den Krieg, wenn nicht aus den Fugen gegangen, so doch vollständig verrenkt ist, und daß es der heroischen Anstrengungen aller

Glieder und Teile des deutschen Volkes bedarf, um die Friedenswirtschaft wieder um und neu zu gestalten, insbesondere die Handelsbeziehungen nicht nur im Innern, sondern hauptsächlich im internationalen Verkehr wieder anzuknüpfen, wenn anders das deutsche Volk aus dem ungeheuren Weltkrieg wie ein Phönix aus der Asche neu erstehen soll. Nicht bloß die *Wiederaufrichtung*, sondern in erster Linie *die Neuorientierung der gesamten Privatwirtschaft* muß *die allgemeine Losung sein*.

Hierbei hat die Handels-Hochschule eine um so größere Aufgabe zu erfüllen, als sie die *neue wirtschaftliche Pflegestätte der Privatwirtschaft* überhaupt ist. Dabei müssen wir uns zum vornherein *dagegen verwahren*, daß die Privatwirtschaftslehre neben der Nationalökonomie eine gesonderte selbständige Existenz beanspruche, oder gar *in Gegensatz zu derselben als eine Profitlehre* aufgefaßt werden könne. Demgegenüber haben wir stets die sozialökonomische Verkettung als Fundament und Ausgangspunkt jeder privatwirtschaftlichen Forschung und Disziplin bezeichnet und stimmen der Definition unseres verstorbenen Schülers Prof. Dr. Schönitz[1]) bei:

„Die Privatwirtschaftslehre ist diejenige Teildisziplin der Nationalökonomie, die zum Objekt hat die Betätigung privater für sich selbst besorgter Wirtschaftssubjekte zur Erzielung eines Ertrages, und die im Gegensatz zur sozial-ökonomischen Betrachtung im engen Sinne diese Betätigung unter dem Gesichtspunkte der *Selbsterhaltung* dieser Privatwirtschaften gesondert nach ihren einzelnen Typen betrachtet."

Wie die Familie zum Staate, so verhält sich die einzelne Privatwirtschaft zum Ganzen der Nationalwirtschaft. Die Privatwirtschaft ist gleich der lebendigen Einzelzelle, aus deren Beziehungen und Verkettungen sich der Organismus der sozialen Wirtschaftsgemeinde zusammensetzt[2]).

Nach dieser grundlegenden Erörterung über die Privatwirtschaftslehre, als deren wissenschaftliche Pflegestätte die Handels-Hochschule gegründet worden ist, halte ich es für zweckmäßig, mich über die allgemeinen Aufgaben dieser Anstalten auszusprechen.

Die Handels-Hochschule soll ihrem Namen und den Intensionen ihrer Gründer und Förderer entsprechend, eine Bildungsstätte für Kaufleute, für die Träger des Handels im weitesten Sinne des Wortes sein.

Sie ist als eine selbständige Bildungsanstalt neben der Universität, der Technischen und Landwirtschaftlichen Hochschule aufzufassen, weil sie auch ganz selbständige Zwecke verfolgt, welche von denjenigen der genannten Hochschulen verschieden sind. Die Handels-Hochschule hat die Handelswissenschaft ohne Rücksicht auf die in der Handelspraxis liegenden Nebenzwecke um ihrer selbst willen zu pflegen, der wissenschaftlichen Erkenntnis ihrer Spezialgebiete zu dienen, im Suchen und Erforschen der Wahrheit ihre Daseinsberechtigung zu beweisen. Indem aber die Handels-Hochschule die wissenschaftliche Erforschung der Erscheinungsformen des Handels ohne Rücksicht auf die praktischen Nebenzwecke zum obersten Prinzip erhebt und sich dadurch von den Fesseln einer bloßen Berufsschule frei macht, wird sie erst recht eine Schule und Wegleiterin für die Praxis, gleichwie die rein wissenschaftliche Pflege der Jurisprudenz, ohne eine Berufsschule für Richter zu sein, doch der einzig richtige Weg zur Heranbildung von Richtern ist. Hieraus ergibt sich auch der Grundcharakter des Lehrprogramms der Handels-Hochschulen, in dessen Mittelpunkt ohne Zweifel die Erforschung des Handels, dieser im weitesten Sinne des Wortes genommen, oder nach neuerer Terminologie die Privatwirtschaftslehre der kaufmännischen Betriebe in Handel, Verkehr und

Industrie gerückt werden muß. Dieser Wissenschaft muß sie eine hochschulmäßige Pflege widmen.

Sie muß den in den verschiedenen Zweigen des Handels, des Waren-, Geld- und Kreditverkehrs berufstätigen Personen diejenige höhere Ausbildung bieten, die sie früher weder an mittleren und höheren Schulen, noch in der Praxis erwerben konnten. Der Umfang dieser Aufgabe wird sich aus einer Zusammenstellung der verschiedenen hier in Betracht kommenden Berufsformen, zu welchen die Handels-Hochschule die beste wissenschaftliche Vorbereitungsanstalt ist, ergeben. Ich nenne hier: Leiter von Warengeschäften, von Export- und Importhäusern, Banken, Versicherungsanstalten, Reedereien, Lagerhäusern und verschiedenen anderen Verkehrsanstalten, kaufmännische Direktoren von industriellen und bergmännischen Unternehmungen, von Syndikaten, staatlichen und genossenschaftlichen Großbetrieben; Organisatoren und Leiter von überseeischen Banken und anderen Unternehmungen usw.; ferner Konsularbeamte, Kontrollbeamte, Rechnungsanwälte, Treuhänder, Fachexperten für alle Fragen der Handelsgesetzgebung und Handelspolitik, Handelsrichter, Syndizi von Handelskammern, Aktiengesellschaften, Genossenschaften usw. und insbesondere auch Kandidaten für das höhere Handelslehramt.

Auf die Streitfrage, ob die im summarischen Begriff Handelswissenschaft oder Privatwirtschaftslehre enthaltenen Wissensgebiete wirklich eine Wissenschaft sind oder nicht, wollen wir nicht eingehen. Wir können die Entscheidung ruhig der Zukunft überlassen angesichts der Tatsache, daß jedes neue Gebiet, das in den Kreis der höheren Unterrichtsanstalten eingeführt worden ist, sich anfänglich den Vorwurf der Unwissenschaftlichkeit gefallen lassen mußte, wie z. B. dieMedizinalwissenschaften, die Nationalökonomie, die Chemie usw., Gebiete, die sich alle erst mit der Zeit und durch die hervorragenden Forschungen ihrer Träger Rang und Titel einer Wissenschaft mit hochschulmäßiger Pflege erringen mußten. Und doch möchte ich hier eine Frage zum voraus entschieden wissen. Die Behandlung der Handelswissenschaft an der Hochschule kann nur eine wissenschaftliche sein; die erste und höchste Aufgabe jeder Hochschule besteht in der Pflege der Wissenschaft und der Idealität, in der Heranbildung selbständig denkender, forschender, urteilender, handelnder Menschen. Auf niemand paßt dies besser als auf den echten Kaufmann, der aus der Erscheinungen Flucht das Wesentliche und Bleibende abstrahieren, die Geschehnisse des Tages seinen Plänen und Entschlüssen dienstbar machen, unabhängig von Schablone und Gewohnheit das Neue und Werdende kritisch beurteilen, ja selbst Neues in lebensfähiges Dasein rufen muß.

Daß neben und mit der Handelswissenschaft eine größere Zahl anderer Disziplinen an der Handels-Hochschule gepflegt werden müssen, ergibt sich schon aus dem großen Komplex der Gesamtaufgaben, vor die sich der moderne Kaufmann gestellt sieht. Da ist vor allem die Nationalökonomie, die Mutterwissenschaft aller wirtschaftlichen Erkenntnis, die Rechtswissenschaft in ihren Abzweigungen nach bürgerlichem und öffentlichem Recht, Physik und Chemie, Geographie, Sprachen, Genossenschaftswesen, Versicherungswesen usw. Bis jetzt hat sich die Handels-Hochschule Berlin auf die Heranbildung von vier Haupttypen der kaufmännischen Praxis ausgedehnt: Es sind dies: der Warenkaufmann, der Bankkaufmann, der Industriekaufmann und der Handelslehrer[3]).

Immer lauter und vorwurfsvoller hören wir überall von den Rednerbühnen und in der Presse den Ausspruch: der Handel hat versagt, oder die Privatwirtschaft ist bankerott geworden. Am schwersten formulierte diesen Vorwurf Professor von Harnack in seiner Rede vom 1. August, wenn er sagt: „Wir hatten vor dem Kriege eine internationale Privatwirtschaft und daneben eine fiskalische und militärische Staatswirtschaft. Die militärische und fiskalische Staatswirtschaft hat sich gut bewährt, aber die internationale Privatwirtschaft brach zusammen, und es wurde daraus im Innern eine Profitwirtschaft. Wir mußten es erleben, daß auch während des Krieges der Egoismus und das rücksichtslose Geldverdienen im Vordergrund standen, und deshalb klage ich das ganze System an, und deshalb müssen wir hinarbeiten auf die Herstellung einer sozialen Gemeinwirtschaft. Wir müssen gemeinwirtschaftliche Unternehmungen bekommen."

Wir wollen nicht untersuchen ob, wie Harnack meint, die fiskalische Staatswirtschaft mustergültig gearbeitet hat; aber wir können auch nicht leugnen, daß der privatwirtschaftliche Egoismus während des Krieges geradezu Orgien gefeiert hat[4]).

Harnack dehnt den Vorwurf des krassen Egoismus auf die nationale und internationale Privatwirtschaft im ganzen aus, also nicht nur auf den privaten Handel, sondern auch auf die Unternehmungen in Landwirtschaft und Industrie. Ich beschränke mich in den nachfolgenden Ausführungen auf die Vorwürfe gegen den Handel und unterziehe zunächst die Umgestaltung des gesamten Güterverkehrs vom Erzeuger zum Verbraucher während des Krieges und durch den Krieg der Untersuchung, um nachher Mittel und Wege zu suchen, wie der privatwirtschaftliche Handel umgestaltet werden kann, um das zu sein, was er sein soll: ein nützliches und notwendiges Bindeglied zwischen den Endgliedern der Weltwirtschaft, zwischen Erzeugern und Verbrauchern, um diese in ihren produktiven und konsumtiven Kräften zu fördern. Erst dann können wir auch untersuchen, ob und welche neuen Aufgaben an die Handels-Hochschule herantreten, wobei wir bei Behörden, Lehrern und Studenten und allen Gönnern und Förderern unserer Anstalt Einigkeit darüber voraussetzen, daß die Handels-Hochschule sich in erster Linie nach der tatsächlichen und zukünftigen Entwicklung der Privatwirtschaft immer aufs neue orientieren muß, um ihrer Aufgabe gerecht zu werden.

Im Rahmen eines Vortrages kann es sich natürlich nur darum handeln, das ganze Thema programmatisch zu skizzieren. Das Augenfälligste, was sich innerhalb der zwei Kriegsjahre vor unseren Augen vollzogen, ist: die Umwertung aller Werte und die gänzliche Um- und Neugestaltung des Handels. Meines Erachtens können wir diese in vier Momente zusammenfassen:

1. Die Umgestaltung der deutschen Wirtschaft vom internationalen Industriestaat in einen geschlossenen Handelsstaat.
2. Die Störung des Gleichgewichtes zwischen Nachfrage und Angebot, damit im Zusammenhang die Ausschaltung der Konkurrenz, des mächtigsten Mittels zur Regelung des Marktes.
3. Das Auftreten des Staates als größter Konsument zur Deckung des Heeres- und Kriegsbedarfs.
4. Staatliche und kommunale Eingriffe in die Privatwirtschaft, insbesondere in den Handel, und der Übergang zum Polizeistaat.

1. Die wichtigste und verhängnisvollste Umgestaltung hat die deutsche Volkswirtschaft und in und mit derselben auch die Privatwirtschaft im Kriege durch die fast gänzliche Unterbindung des internationalen Warenaustausches erfahren, und zwar nicht nur von und nach dem feindlichen Ausland, sondern infolge der durch die Kriegsnotwendigkeit gebotenen Aus-, Durch- und Einfuhrverbote auch mit den neutralen Staaten, die hinwiederum sich auch genötigt sahen, ihre Ausfuhr zu verbieten oder unter Staatskontrolle zu stellen; dazu kommt die durch die Blockade der feindlichen Mächte herbeigeführte Absperrung

Deutschlands von der Weltwirtschaft und vom Weltmarkt, der plötzliche und zwangsweise Übergang vom internationalen Industriestaat in den geschlossenen Handelsstaat; dieses nicht nur im Gebiete des Warenaustausches, sondern auch im Geld-. Kredit- und Kapitalverkehr, der Waren- und Effektenbörse, alles Gebiete, die vorher international organisiert waren. Ferner die dadurch herbeigeführte vollständige Gleichgewichtsstörung in der deutschen Zahlungsbilanz, was einen verhängnisvollen Kurssturz der deutschen Valuta zur Folge hatte, wodurch auch der Geldwert, der Preismaßstab aller tauschfähigen Güter, in Friedenszeiten der festeste und sicherste Anker des wirtschaftlichen Verkehrs, ins Schwanken kam. Denn die Wirkung des fast um ein Drittel gesunkenen Geldwertes äußert sich in einem Steigen der Preise, nicht nur im Verkehr mit dem Ausland, sondern auch, wie statistisch nachgewiesen, in einer allgemeinen Verteuerung der Bedarfsgegenstände und Dienstleistungen im Inland. Wir müssen uns damit abfinden und als ein notwendiges Übel mit den anderen schlimmen Folgen des Krieges in Kauf nehmen, daß wir trotz der Aufrechterhaltung der Drittel-Goldeckung der Banknoten eine auf Papiergeld beruhende Valuta haben und diese mit allen ihren nachteiligen Folgen tragen müssen.

Alle diese Kriegswirkungen haben die gesamte Privatwirtschaft, die sich auf den Frieden, nicht auf den Krieg eingerichtet hatte, in ihren Grundfesten erschüttert. Es erscheint daher als eine Ungerechtigkeit, wenn man jetzt den Kaufmann für die Folgen dieser totalen Umwälzung verantwortlich machen will, was ja sehr häufig geschieht. Der Handelsstand ist selbst davon am empfindlichsten getroffen. Man denke nur an die Tausende von Kaufleuten, die aus ihrer Erwerbstätigkeit hinausgeschleudert wurden und sich auf eine neue Erwerbsmöglichkeit einstellen mußten, wozu ihnen die bekannte Anpassungsfähigkeit an die durch äußere Machtverhältnisse gegebene Lage wesentlich geholfen hat. Es ist ungerecht, wenn man stets nur von denjenigen spricht, die durch Anpassung an die Konjunktur Kriegsgewinne gemacht haben und darüber die Tausende und Tausende vergißt, die im Krieg verarmt sind[5]).

2. Das zweite Moment, das die Privatwirtschaft revolutioniert hat, ist die vollständige Störung des Gleichgewichts zwischen Produktion und Konsumtion, herbeigeführt durch den stets größer werdenden Mangel an Rohstoffen und Lebensmitteln, die wir in Friedenszeiten vom Ausland bezogen haben, auf der einen Seite, und die gesteigerte, immer stürmischer werdende Nachfrage der Konsumenten auf der anderen Seite. Dazu kommt die Unmöglichkeit der inländischen Produktion, trotz der nie geahnten Ergiebigkeit der deutschen Erde, den ungeheuren Bedarf für das Heer und die inländische Bevölkerung zu decken.

Die natürliche Folge davon ist die stetige Steigerung der Preise. Wer Rohstoffe, notwendige Fabrikate und Lebensmittel in Vorrat hat, seien es Produzenten, Landwirte, Industrielle oder Händler, sieht den Wert seiner Ware unter der Hand über Nacht stets in die Höhe gehen; denn die Konkurrenz im Angebot, die zu Friedenszeiten als wichtigster Preisregulator funktionierte, ist fast vollständig ausgeschaltet, während umgekehrt die Konkurrenz in der Nachfrage ins Ungeheure wächst. Dadurch ist nicht nur den Landwirten und Industriellen, sondern auch den Händlern ein nie zuvor gesehener großer Anreiz gegeben, zu erzeugen, zu kaufen, Vorräte zu eignen und aufzustapeln[6]). Wer heute eine Ware kauft, ist sicher, sie morgen mit einem erheblichen, oft ins Unglaubliche steigenden Gewinn zu verkaufen. Die Beteiligung des Kaufmanns an diesem Wettlauf nach sicheren Kriegsgewinnen ist um so begreiflicher, da man ihm in Friedenszeiten beigebracht hat. der Handel sei nichts anderes als die Kunst, die Konjunktur auszunutzen[7]). Für die schlimmen Folgen, die aus dieser Preistreiberei für die Allgemeinheit erwachsen, kann nicht der einzelne, sei er Händler, Industrieller oder Landwirt verantwortlich gemacht werden, sondern es ist eine notwendige Folgeerscheinung des Kapitalismus, gegen dessen Auswüchse nur die staatlichen Maßnahmen schützen können.

3. Aber gerade der Staat verstärkt noch das Mißverhältnis zwischen Nachfrage und Angebot; denn er tritt im Kriege als größter, dringendster und zahlungskräftigster Konsument auf, indem er von der gesamten Staats- und Privatwirtschaft alles das fordert, was er zur Kriegsführung braucht. Und das ist viel, unendlich viel, in Geld gemessen etwa zwei Milliarden Mark im Monat, ein großer Bruchteil, vielleicht die Hälfte alles dessen, was das deutsche Volk hinter der Front zu produzieren vermag. Dazu kommt, daß dieser Bedarf vor jedem anderen dringend und eilig ist und unter allen Umständen und in erster Linie befriedigt werden muß. Um die Privatwirtschaft zur Lieferung für den Heeresbedarf anzureizen, müssen hohe Preise bewilligt werden. Dadurch wurde eine vollständige Umgestaltung der Industrie herbeigeführt. Nicht mehr für den Export, sondern für den Kriegsbedarf wird gearbeitet. Jedwede Fabrik, welche in irgend einer Weise sich für die Kundschaft des Staates einrichten kann, wird auf den Heeresbedarf umorganisiert. Dadurch erlebte die Industrie eine nie dagewesene Hochkonjunktur mit den bekannten Folgewirkungen: große Preissteigerung der Rohstoffe, der Arbeitslöhne und auch der Kriegsgewinne, die sich in ihrer Gesamtheit auf Milliarden belaufen mögen. Dazu kam, daß jede Militärintendantur selbständig als Einkäufer auftrat und das Hauptgewicht weniger auf den Preis als auf die rechtzeitige Lieferung legen mußte. Dadurch trat eine preistreibende Konkurrenz unter den verschiedenen Einkaufsstellen des Staates für den Kriegs-

bedarf ein, und die Schiebung eines und desselben Auftrages durch mehrere Zwischenhände und die damit verbundenen Zwischenhandelsgewinne wurden stark begünstigt[8]).

Jedenfalls ist das Auftreten des Staates am Markte auf Seiten der Nachfrage als größter Konsument für alle Gegenstände des Kriegsbedarfs ein Hauptgrund für die allgemeine Preissteigerung, sowie auch die größten Kriegsgewinne an den Heereslieferungen gemacht worden sind. Dies zugegeben, erscheinen die Vorwürfe gegen den privaten Handel in einem ganz anderen Licht. Wie groß auch zugegebenermaßen die Unvollkommenheiten und Auswüchse sein mögen, die im privaten Handel während des Krieges zum Teil in den häßlichsten Formen zutage getreten, in der Hauptsache ist er nicht schuldig, weder an der Unzulänglichkeit der Bedarfsversorgung, noch an der allgemeinen Teuerung.

4. Die staatlichen und kommunalen Eingriffe und Maßnahmen in die Privatwirtschaft und die plötzliche und gewaltsame Umformung des privaten Handels einesteils durch die staatliche oder kommunale Versorgung der Bevölkerung mit den Bedarfsgegenständen durch Bestandsaufnahme, Enteignung, Rationierung und Verteilung von Rohstoffen und Lebensmitteln, andererseits durch die polizeiliche Aufsicht und Kontrolle des privaten Handels über Einkaufs- und Verkaufspreise, Lagervorräte, Qualität der Ware. Die Zahl aller dieser staatlichen Maßnahmen nach den zwei Richtungen hin, ist fast ins Endlose gestiegen.

In der einen Richtung liegen die Kriegsgesellschaften, die unter staatlicher Initiative und Aufsicht, finanzieller Beteiligung und Kontrolle gebildet worden sind, um den Heeresbedarf sicherzustellen und den Bedarf der Zivilbevölkerung durch Zusammenfassung, Rationierung und Verteilung zu organisieren. Es sei hier nur an drei der wichtigsten dieser Gesellschaften, an die Kriegsgetreidestelle, an die Kriegs-Rohstoff-Gesellschaften und an die Zentral-Einkaufs-Gesellschaft erinnert[9]).

Das Charakteristikum dieser Kriegsgesellschaften liegt in der Ausschaltung des Gewinnprinzips. Der Betrieb ist nach den Grundsätzen der wirtschaftlichen Selbsterhaltung organisiert. Ein Reinertrag über eine Normalverzinsung des Gesellschaftskapitals hinaus ist nicht beabsichtigt oder fließt in die Staatskasse, oder muß zum Ausgleich für Defizitbetriebe dienen. Sie gehören somit alle ins Gebiet des sozialen Handels, der an Stelle des kapitalistischen Privathandels getreten ist und durch den Krieg mächtig gefördert wurde.

In der anderen Richtung liegen die staatlichen Eingriffe in den privaten Handel durch Festsetzung der Höchstpreise, abgestuft für den Erzeuger, den Großhändler und den Kleinhändler[10]). Dadurch will der Staat alle unnötigen Zwischenglieder des Handels nicht nur in inländischen Produkten, sondern auch in den importierten Lebensmitteln ausschalten, und zwar nicht nur die legitimen Glieder des Handels wie Kommissionäre, Agenten und eigentliche Zwischenhändler, sondern mit ihnen auch die Schmarotzer des Handels, wie Kettenhändler, Schieber, Gelegenheitsmacher[11]).

Durch die Festlegung der Spannung zwischen den Höchstpreisen für Erzeuger, Groß- und Kleinhändler sind auch die Gewinnmargen normativ festgelegt. Der Handelsgewinn ist für jedes Glied auf ein normales Maß beschränkt, übermäßige und spekulative Gewinne sind verunmöglicht. Diese vollständige Umgestaltung des freien Handels in den meisten Artikeln des Massenbedarfs wird auch dadurch vollzogen, daß der Kaufmann keinen Einfluß mehr hat weder auf den Einkauf, noch auf den Verkauf. Die Waren werden ihm durch die staatlichen oder kommunalen Einkaufs- und Verteilungsstellen in abgemessener Menge geliefert. Die Verkaufsmengen sind beschränkt und mittels des Kartensystems auf die Bezugsberechtigten rationiert. Durch strenge polizeiliche Kontrolle, Bestandsaufnahme und Beschlagnahme ist der Kaufmann zur Einhaltung der Vorschriften gezwungen. Durch die Verpflichtung auf die Höchstpreise im Einkauf und Verkauf und polizeiliche Feststellung der Gewinnmarge ist der Kaufmann tatsächlich vom freien Privatwirtschaftler zum Kommissionär bzw. zum Organ der Gesellschaft geworden, ähnlich den Verkäufern von Stempelmarken oder in Monopolländern von Tabak, Salz, Sprit usw.

Tatsächlich ist kein anderer Beruf durch den Krieg so eingeengt, so gründlich umgestaltet, so aus seiner bisherigen Gewohnheit und Denkungsart herausgeworfen worden als der kaufmännische. Eine große Zahl der selbständigen Kaufleute ist in die verschiedenen Kriegsgesellschaften eingetreten und leistet hier als besoldete Angestellte nützliche Dienste. Sie sind aus privatwirtschaftlichen Unternehmern Diener der Gesellschaft, des Staates, der kommunalen Organe, überhaupt des sozialen Handels geworden.

Ein anderer Teil richtet seine Initiative und Findigkeit auf die Spekulation in denjenigen Waren, die dem freien Verkehr noch übrig geblieben sind. Da diese Waren nach ihrer Gattung und ihrer Menge immer kleiner, die Bestandsaufnahmen, Beschlagnahmen, Höchstpreise, Rationierung, staatliche Verteilung auf immer mehr Artikel ausgedehnt werden, so entfacht sich in diesen Artikeln eine wilde Spekulation zum Schaden der Allgemeinheit und deren wucherische Ausbeutung. Die Öffentlichkeit ist geneigt, den gesamten privaten Handel für diese Auswüchse verantwortlich zu machen. Was diese Sorte von Kaufleuten, die nur einen kleinen Bruchteil des gesamten Kaufmannsstandes ausmachen, durch Spekulation, Wucher, Kettenhandel verschuldet, kann man unmöglich dem ganzen

Handelsstand zur Last legen. Es ist daher nicht gerecht und nicht zutreffend, zu behaupten, daß der privatwirtschaftliche Handel zusammengebrochen ist.

Aber der Ruf nach einer vollständigen Umgestaltung des freien Handels oder der Ersetzung desselben durch staatliche und kommunale oder gemeinwirtschaftliche Organisationen des Güteraustausches zwischen Produzent und Konsument entsprechend den durch die Kriegsnotwendigkeit geschaffenen Verhältnissen ertönt so laut und energisch von den verschiedenen Seiten, daß es unsere Pflicht ist, die Frage der Umgestaltung und Neuorientierung der Privatwirtschaft im Gebiete von Industrie, Handel und Landwirtschaft zu erörtern. Wir beschränken uns hier nur auf das Gebiet des Handels und müssen uns begnügen mit einer programmatischen Skizze über:

Die Neuorientierung des Handels für die Zeit nach dem Kriege.

Millionen unserer Krieger stehen felsenfest an der Front gegen eine ganze Welt von Feinden. Sie opfern Kraft, Gesundheit und Leben, alles aus Pflichtbewußtsein gegen das Vaterland, um es vor Vernichtung und Untergang zu bewahren. Und wir Zurückgebliebenen hinter der Front opfern, schaffen, darben, sorgen, trauern in Geduld, allerdings in ungleichem Maße, aber in demselben patriotischen Geiste. Alle Teile des Volkes schöpfen ihre größte Kraft zu heldenmütigem Ausharren und Durchhalten bis zum endlichen Siege und Frieden aus dem Glauben an die Zukunft, an ein neues, schöneres, freieres, größeres Vaterland, aus dem Glauben an eine allgemeine Wiedergeburt und Regeneration des religiösen, ethischen, politischen und sozialen Lebens, kurz, wir alle glauben an ein neues, großes Werden des deutschen Volkes.

Not und Blut haben die Menschen einander näher gebracht, das Bewußtsein, daß der einzelne Mensch nichts, der vaterländische Zusammenschluß alles ist, der Gedanke der Solidarität, der Brüderlichkeit, der Gleichberechtigung, der sozialen Gemeinschaft ist durch den Krieg so mächtig gefördert worden, daß der Glaube an eine Wiedergeburt des deutschen Volkes, an eine Neuorientierung in allen Gebieten des nationalen Lebens vollauf berechtigt ist.

Für die Wiederaufrichtung der Friedenswirtschaft hängt allerdings vieles von der Dauer des Krieges und von den Friedensbedingungen ab; aber trotzdem wir beides nicht kennen, können wir doch vieles, sehr vieles mit einiger Sicherheit schon jetzt konstruieren, was als notwendige Folgewirkung in bezug auf die nationale Wirtschaftsführung kommen wird und kommen muß. Mit Bezug auf die Privatwirtschaft postulieren wir [12]):

1. Die Wiederaufrichtung des internationalen Handels und damit im Zusammenhang auch die Herstellung des Gleichgewichts in der deutschen Zahlungsbilanz, wodurch auch von selbst die deutsche Valuta wieder auf ihren Goldwert steigen muß.

Der Plan der Ententemächte, Deutschland von ihren Märkten auszuschließen, den gegenwärtigen Krieg als Wirtschaftskrieg fortzusetzen, den Zustand der Absperrung Deutschlands in Permanenz zu erhalten, muß schon an der Macht der Weltwirtschaft scheitern, die größer ist als die wahnwitzigen Ideen der Veranstalter der Wirtschaftskonferenz in Paris, welche ob dem Deutschenhaß und der Kriegspsychose den Verstand verloren haben. Es ist, wie Brentano in einem Vortrag in Zürich bewiesen hat, ein Wahnsinn, ein großes Volk, dessen Industrie allen Völkern teils ebenbürtig, teils überlegen ist, vom Weltmarkt abschließen zu wollen. Eine Nation müßte geradezu in selbstmörderischem Wahnsinn befangen sein, wenn sie auf den Produktenaustausch mit dem deutschen Volke nur aus blindem Haß verzichten wollte. Wir vertrauen auf die schöpferische Kraft und Überlegenheit der deutschen Industrie, die in engster Fühlung und Mitwirkung der Wissenschaft, Kunst, Technik und Organisation Werke schafft und Produkte hervorbringt, die kein anderes Volk auf die Dauer entbehren kann; wir vertrauen auf den deutschen Kaufmann, dessen Energie und Beharrlichkeit, Tatkraft und Pionierarbeit vor dem Kriege den Weltmarkt erobert hat, durch den Krieg nicht erlahmt, sondern noch gesteigert worden ist. Wir bauen unsere Hoffnung auf die durch Jahrtausende hindurch gewordene internationale Arbeitsteilung, die dazu zwingt, jedes Volk am internationalen Güteraustausch teilnehmen zu lassen, und eine Nation, die sich unterfangen würde, ein anderes von der Konkurrenz für die Bedarfsversorgung auszuschließen, müßte von der gegenwärtigen Kulturhöhe herabstürzen. Alle diese Kräfte und Mächte, Verhältnisse und Tatsachen werden bewirken, daß der internationale Güteraustausch und mit ihm der deutsche Export- und Importhandel wieder aufleben wird und muß, wenn nicht unmittelbar nach dem Friedensschluß, so doch nach und nach und in absehbarer Zeit. Freilich gehören dazu die größten Kraftanstrengungen aller direkt oder indirekt am Außenhandel beteiligten Personen und Gemeinschaften, der Kaufleute und Industriellen, des Staates, und vor allem auch der Handels-Hochschule.

2. Die Umwandlung von privatwirtschaftlichen Unternehmungen in Staats-, Kommunal- oder gemischt-wirtschaftliche Betriebe, insbesondere im Gebiete des Bergbaues, des Importhandels von Getreide und Petroleum, des Binnenhandels mit Sprit, der Erzeugung und Fernleitung von elektrischer Energie, des Verkehrs, der Reederei, des

Versicherungswesens, der Kriegerheimstätten, der Kultur des Ödlandes usw.

Bei den Kämpfen um die Einführung neuer Monopole und der Verstaatlichung von Unternehmungen, wird voraussichtlich nicht die Frage ausschlaggebend sein, ob diese Eingriffe in die Privatwirtschaft für diese nützlich oder schädlich seien, sondern vielmehr die Zwangslage des Staates, sich zwecks Verzinsung und Amortisation der Kriegsschulden und Beschaffung der Mittel für die Kriegsbeschädigten und die Hinterlassenen der Gefallenen neue Einnahmequellen zu erschließen; die staatlichen Betriebe werden also vorzugsweise fiskalischen Charakter haben.

3. Die Ausbreitung des sozialen Handels[18]) durch die Genossenschaften. und zwar:

nach Richtung der Konsumenten in den Konsumgenossenschaften,

nach Richtung der Landwirtschaft in den Bezugs-, Verwertungs- und Absatzgenossenschaften,

nach Richtung der kleineren und mittleren Unternehmungen in den Bank- und Kreditgenossenschaften*).

4. Staatliche Kontrolle und Aufsicht über die kapitalistischen Zusammenballungen, wie Syndikate, Trusts usw., zur Verhütung der Ausbeutung des Volkes.

5. Wirtschaftliche Ausbildung nach theoretischer und praktischer Richtung aller derjenigen Staatsbeamten, die berufen sind, dem Handel im In- und Ausland zu dienen, die wirtschaftlichen Staatsbetriebe zu leiten, die Richt-

---

*) Ich kann auf die nähere Ausführung dieses Postulats verzichten, da ich in meiner Schrift: „Der soziale Handel“, Berlin, bei Georg Reimer, 1916, ausführlich darüber berichtet habe.

linien der Wirtschafts- und Handelspolitik zu bestimmen, den Bedarf des Staates, insbesondere von Heer und Flotte selbst zu produzieren, oder von Landwirten, Industriellen oder Händlern zu kaufen. Der wunde Punkt in der durch den Krieg notwendig gewordenen Ausdehnung der Staatsverwaltung auf die Wirtschaft und der Übernahme derselben von privatwirtschaftlichen Funktionen liegt zugestandenermaßen in der ungenügenden Vorbildung der Staatsbeamten für die praktischen Zwecke und Bedürfnisse des Wirtschaftslebens. Das Heilmittel für diese Mängel weist hin in theoretischer Beziehung auf die Handels-Hochschule und nach der praktischen Seite hin auf das kaufmännische Kontor. Die bureaukratischen Qualitäten des preußischen Beamten: Pünktlichkeit, Gewissenhaftigkeit, Ordnung, Pflichttreue, müssen sich vereinigen mit dem kaufmännischen Geist, der es versteht, die Mittel und Kräfte zu höchster Leistungsfähigkeit zu organisieren, sich den Bedürfnissen der Menschen und den gegebenen Verhältnissen anzupassen, die Selbstkosten richtig zu kalkulieren, das gesamte Rechnungswesen und die Kontrolle in zweckdienlicher Weise einzurichten.

6. Kooperativer Zusammenschluß der kleinen und mittleren in ihrer Isolierung ohnmächtigen Kräfte durch Unter- und Einordnung in leistungsfähige Gemeinschaften, die berufen und befähigt sind, dem Wohl der angeschlossenen Glieder und damit auch dem Volksganzen zu dienen.

7. Wirtschaftliche Ertüchtigung des ganzen Volkes. Volksvermögen und Nationalreichtum bestehen keineswegs in der Summe der in Geld meßbaren Tauschgüter aller Art, sondern vielmehr aus der Summe aller geistigen, ethischen und wirtschaftlichen Werte, die ein Volk zu erzeugen vermag, also in seiner schöpferischen Kraft. Diese Kräfte in ihren verschiedenen Formen und Elementen kennen zu lernen, nach allen Richtungen

zu pflegen, zu entfalten und zu entwickeln und dadurch auf das höchstmögliche Maß zu steigern, das alles haben die führenden Geister von jeher als Ziel und Zweck aller Volksbildung proklamiert. Aber erst durch den Krieg ist bei Hoch und Niedrig die Erkenntnis erweckt, und der Wille entfacht worden, an die Lösung dieser Erziehungs- und Bildungsaufgabe mit allen privaten und öffentlichen Mitteln heranzutreten. Denn erst durch diesen Krieg ist jedermann sichtbar vor Augen geführt worden, was eine große Nation zu leisten vermag, wenn jedes einzelne Glied nach einem einheitlichen Plan geschult, wenn alle die kleinen Kräfte zusammengefaßt, und wenn sie in richtiger Organisation auf ein großes Ziel konzentriert werden. Was in diesem Kriege das deutsche Volk an und hinter der Front Tag um Tag geleistet hat und noch leisten muß an Kraft und Ausdauer, an Opfer und Entbehrung. an Gut und Blut, das spottet jeder Beschreibung. Und wenn nun nach dem Krieg alle diese Kraftmomente in einheitlicher Weise auf ein neues Ziel hin organisiert werden, auf das nämlich, die deutsche Volkswirtschaft wieder aufzurichten, so werden wir wiederum Wunder erleben. Daher muß das erste und wichtigste Friedensziel sein: Entwicklung aller im Volke vorhandenen geistigen, ethischen und wirtschaftlichen Kräfte und der sozialen Triebe, Überbrückung der durch die sozialen, sprachlichen, religiösen und politischen Gegensätze vorhandenen Hemmungen, hauptsächlich durch das Mittel einer allgemeinen Volksbildung, durch die nach den Ideen von Kerschensteiner organisierte Einheitschule: Erziehung der Jugend zu freien, gleichberechtigten Staatsbürgern, zu gesunden, berufstüchtigen Arbeitern. zu denkenden, sozial fühlenden und sozial handelnden Menschen, denen auch das Recht auf freie Entfaltung aller ihrer Kräfte gewährleistet wird.

Und wer könnte noch an diesem neuen Werden des deutschen Volkes zweifeln! Ist doch von der höchsten Amtsstelle des Reiches die Losung für die neue Friedenswirtschaft ausgegeben und von den weitesten Kreisen als erlösende Verheißung begrüßt worden:

„Freie Bahn dem Tüchtigen!"

Das muß auch die Losung für den Handel und die Handels-Hochschule sein.

* * *

Liebwerte Kommilitonen! — Sie werden die neue Zeit und das neue Werden nicht nur miterleben, sondern Sie sind auch berufen, am Wiederaufbau der Friedenswirtschaft tatkräftig mitzuwirken. Aber was vermöchten Sie und wir ohne die Hilfe von allen unseren Kommilitonen im Felde! Sie vor allem verdienen, daß wir bei unserer Feier ihrer gedenken. In Bewunderung und Bescheidenheit neigen wir uns vor ihrem Heldentum. Darum schließe ich auch meine Rede mit einem Gruß an die Studenten der Handels-Hochschule im Felde:

Das Leben ist der Güter höchstes nicht,
Der Wunder größtes aber wirkt die Pflicht;
Sie gibt Euch Kraft, zu bluten und zu sterben,
Des Vaterlandes Dank und Liebe zu erwerben.
Steht fest und harret aus in Eurem blut'gen Ringen,
Ihr müßt der Feinde mächt'ge Scharen niederzwingen!
Und wenn Ihr einstmals heimkehrt, ruhmgekrönt, von Euren Heldentaten,
Dann wollen wir fürs Wohl des Vaterlandes mit Euch raten, taten!

* * *

Wir glauben an der Völker neues Werden
Und flehen, beten: Friede sei auf Erden!

Anmerkungen.

Nr. 1. Prof. Dr. Hans Schönitz von Berlin war 1906—1908 unser Schüler, promovierte 1910 an der Universität in Freiburg, wirkte 1911/12 als nebenamtlicher Dozent an unserer Handels-Hochschule, habilitierte sich 1912 als Privatdozent in Freiburg und war 1914 als hauptamtlicher Dozent der Handels-Hochschule Berlin in Aussicht genommen. Schon in seinem 28. Lebensjahr wurde er zum a. o. Professor der Sozialökonomie und Privatwirtschaftslehre an die Universität Freiburg befördert und hatte dort einen außergewöhnlich großen Lehrerfolg. Im ersten Kriegswinter erlag er einer schweren Krankheit.

Schönitz kann als der Begründer der wissenschaftlichen Privatwirtschaftslehre gelten; in seiner mit seinem Freunde Herrn Prof. Dr. Weyermann, der 1913 an den neu geschaffenen Lehrstuhl für Nationalökonomie und Privatwirtschaftslehre an die Universität Bern als ordentlicher Professor berufen wurde, herausgegebenen und mir gewidmeten Werke „Wissenschaftliche Privatwirtschaftslehre" — Karlsruhe bei G. Braun — hat er nicht nur sich selbst, sondern auch unserer Handels-Hochschule ein Denkmal von bleibendem Wert errichtet. Der Tod hat ihn aus seiner erfolgreichen und fruchtbaren akademischen Laufbahn herausgerissen. In Schönitz verliert nicht nur die Privatwirtschaftslehre, die er immer nur als ein Teilgebiet und im Zusammenhang mit der Nationalökonomie aufgefaßt wissen wollte, sondern die Wissenschaft überhaupt einen ihrer befähigtsten und hoffnungsvollsten Jünger. Denn wie sein Kollege Prof. Dr. Diehl in der Grabrede verkündete, hat sich Schönitz über seine Fachdisziplin hinaus mit den schwersten und grundlegenden Problemen der Nationalökonomie befaßt. In seinem nachgelassenen Manuskript: „Einführung in das nationalökonomische Denken" hat er in scharfsinnigster Weise die prinzipiellen Fragen seines Faches in seinem Zusammenhang mit Recht und Philosophie erörtert. Bei unserem letzten Zusammensein hat er mir die Grundzüge und den Plan zu einem groß angelegten Werke entwickelt, das er auch zu seinem Lebenswerke ausgestalten wollte, und in welchem die sämtlichen Wirtschafts- und Gesellschaftswissenschaften, sowie Philosophie, Recht und Politik von einem archimedischen Standpunkte aus betrachtet und in eine höhere Einheit der menschlichen Erkenntnis zusammengefaßt werden sollten; aber die Feuerflamme seines hochfliegenden Geistes hat seine physischen Lebenskräfte aufgezehrt. Doch die Saat, die Schönitz ausgestreut hat, wird aufgehen, und die vielen Anregungen, die er seinen Studenten und Kollegen persönlich, und in seinen Werken der Wissenschaft überhaupt gegeben hat, werden auf lange Zeit hinaus fruchtbringende Folgen haben. Nicht nur die Universität in Freiburg, sondern auch die Handels-Hochschule Berlin werden ihren Schüler und Lehrer nie vergessen.

Nr. 2. Meine Auffassung über das Verhältnis zwischen Nationalökonomie und Privatwirtschaftslehre, die sich im wesentlichen mit der von Schönitz deckt, habe ich in meinem Werk: „Allgemeine Handelsbetriebslehre“, I. Band, 2. Aufl., Leipzig, bei G. A. Glöckner, S. 34—44, entwickelt.

Nr. 3. Bezüglich des Wesens und der Aufgabe der Handels-Hochschule, Feststellung ihres Programms sowie des Studiums der Handelswissenschaften verweise ich auf folgende meiner Veröffentlichungen:

a) Die Pflege der Handelswissenschaften an der Universität in Zürich. Antrittsrede von 1903. Zürich bei Orell. Füssli & Co.
b) Allgemeine Handelsbetriebslehre, I. Band, 1. Teil: Entwicklung des Lehrplans der Handels-Hochschule.
c) Im Zyklus der 30 Vorträge über Berufsberatung für kriegsverletzte Offiziere, mein Vortrag über Handelswissenschaft. Herausgeber des Zyklus Prof. Dr. Eltzbacher, Verlag von Mittler & Sohn, Berlin.

Nr. 4. Beweise für diese Behauptung möchten überflüssig scheinen. Wie jeder frühere, entfacht auch der gegenwärtige Krieg auf der einen Seite die höchsten ethischen, religiösen, sozialen und wirtschaftlichen Kräfte der Nation, die in ihrer Gesamtheit ans Wunderbare grenzen. Aber auf der anderen Seite flackern immer wieder auch die niederen und niedrigsten Instinkte der Menschennatur auf, wie an der Front, so auch hinter derselben im wirtschaftlichen Verkehr zwischen den Zurückgebliebenen. Hier haben wir auf der einen Seite die große Masse des Volkes, die zu jedem Opfer bereit ist, auf der anderen Seite aber eine kleine Minderheit, die, getrieben von rücksichtsloser Habsucht und Geldgier, den Krieg nur als Mittel mißbraucht, sich auf Kosten der Mitmenschen zu bereichern. Diese Auswüchse des Kapitalismus machten sich schon vor dem Kriege in erschreckender Weise bemerkbar; durch den Krieg aber sind bei denjenigen Menschen, die das goldene Kalb anbeten, sich über jede ethische und patriotische Pflicht hinwegsetzen und nicht einmal vor dem Strafgesetz halt machen, diese schlimmen Eigenschaften noch gesteigert worden. Wer seit Kriegsbeginn es mit ansehen muß, wie diese anstößigen, wucherischen und strafbaren Vorkommnisse im Gebiete von Handel und Industrie sich ereignen, wie in den Zeitungen unter den Kauf- und Verkaufsanträgen sich ein häßlicher Kettenhandel und die damit verbundene Preistreiberei breit machen, wer in seinem Bekanntenkreise festzustellen Gelegenheit hatte, wieviele „Geschäftsleute“ während des Krieges und durch den Krieg zu Vermögen und Reichtum gekommen sind, der kann auch das äußerst scharfe Urteil von Prof. v. Harnack über die Privatwirtschaft begreifen. Etwas anderes ist es, ob ein Urteil auch zutreffend und gerecht genannt werden kann, das sich einseitig auf die Auswüchse innerhalb eines großen Gewerbestandes stützt, oder ob man nicht richtiger alle diese verabscheuungswürdigen Vorkommnisse nur als krankhafte Begleiterscheinungen des Kapitalismus, des rücksichtslosen Geldverdienens, des einseitigen Strebens nach dem höchsten Ertrag, nach Anhäufung von Reichtum auffassen muß.

Die nachfolgenden Ausführungen in meinem Vortrag sollen auf diese Frage eine Antwort geben, freilich unter der Einschränkung, daß diese Frage überhaupt nicht vollständig befriedigend gelöst werden kann; denn die Menschheit wird immer unter dem dualistischen Widerstreit zwischen den Prinzipien der Individualität und denen der Sozialität zu kämpfen haben, und das um so mehr, da auch, wie schon Goethe im „Wilhelm Meister" ausgeführt hat, das individualistische Prinzip das höhere, das eigentlich gestaltende ist, ohne welches das sozialistische verkümmern müßte. Denn die letzten Weltzwecke liegen ja doch in der höchst möglichen Vollendung der Persönlichkeit und des Gewissens, deren Werte und Zwecke in das Überirdische hineinragen, während das Prinzip der Sozialität als etwas rein Sachliches, Entwicklungsbedingtes erscheint und letzten Endes die Förderung der Persönlichkeit zum Endzwecke hat. (Vgl. hierüber: Dr. K. Munding, Theoretiker und Pioniere des Genossenschaftswesens. I. Band, J. Fr. Schär — Anmerkungen.) Höchste Aufgabe der Erziehung und der staatsbürgerlichen Bildung muß daher sein, aus dem Egoismus den Altruismus zu gestalten, das individualistische Prinzip mit dem sozialen in eine höhere Einheit zusammenzufassen, und die liegt nach der politischen Seite hin im Pflichtbewußtsein und im Patriotismus, letzterer in seiner reinsten Form, nach der sozial-ethischen Seite hin in der allmählichen Überführung des individualistischen Egoismus in den gesellschaftlichen, kooperativen, dessen höchstes Ziel und Zweck der Zusammenschluß von freien Persönlichkeiten zu Genossenschaften ist.

Der Kapitalismus kann weder durch den Staats- noch Kommunalsozialismus überwunden werden, sondern nur durch die nach den Grundsätzen der Selbsthilfe organisierten Genossenschaften der Konsumenten, welche durch Zusammenfassung der atomisierten Konsumkräfte auch eine zusammenfassende großzügige Organisation aller Produktivkräfte des Volkes möglich macht, die kapitalbildende Kraft des Volkes durch Ansammlung eines unteilbaren Genossenschaftskapitals steigert und dem individualistischen Prinzip des Kapitalismus die Giftzähne ausreißt.

Nr. 5. Eine Verarmung muß nicht nur bei den meisten jener kleineren und mittleren Handelsbetriebe konstatiert werden, deren Inhaber plötzlich zum Heeresdienst einberufen wurden, die ihr Geschäft schließen oder dessen Betrieb den unerfahrenen Angehörigen oder Angestellten übergeben mußten, sondern auch bei vielen Handels-, Fabrikationsgeschäften und Handwerksbetrieben, die aus Mangel an Waren, Rohstoff, Arbeitskräften und Kredit oder wegen der Unmöglichkeit, ihre Produkte im Ausland abzusetzen, den Betrieb einstellen oder auf ein verlustbringendes Minimum reduzieren mußten. Das betrifft eine verhältnismäßig große Anzahl der betreffenden Unternehmer, nach Mitteilungen des Vorsitzenden des deutschen Verbandes der Kleinhändler und Handwerker 75 %.

Nr. 6. Die geradezu ins Unglaubliche gewachsene **Preissteigerung** ist insbesondere bei allen Lebensmitteln eingetreten, die nicht der Beschlagnahme und den Höchstpreisen unterworfen sind: Dauerfleisch, Konserven aller Art, Honig, frische und geräucherte Fische, Geflügel, Eier, Obst, Marmelade, ferner bei Sprit und Likören, bei den Textil- und Lederwaren aller Art.

Nr. 7. Vgl. hiermit meine bezüglichen Ausführungen in „Allgemeine Handelsbetriebslehre", S. 367. Ich habe mich von jeher dagegen verwahrt, den Handel nach alt herkömmlicher Weise zu definieren als die Kunst, beim Einkauf und Verkauf von Waren Geld zu verdienen, oder als die Kunst, die Konjunktur auszunützen. Gerade der gegenwärtige Krieg hat mir recht gegeben, wenn ich aus dem Handelsbegriff die Gewinntendenz ausgeschaltet und an dessen Stelle die Definition gesetzt habe: Der Handel ist der nach den Gesetzen der Zweckmäßigkeit und Wirtschaftlichkeit organisierte Güteraustausch zwischen den Endgliedern der Weltwirtschaft. Der Kaufmann ist infolge der Arbeitsteilung und der Ausweitung des Wirtschaftskreises auf alle Länder und Völker ein notwendiges und darum auch ein nützliches Glied der Weltwirtschaft geworden. Es muß unbedenklich zugegeben werden, daß der von ihm individuell gesetzte Zweck seines Berufes derselbe ist wie in jeder anderen Privatwirtschaft, für seine Arbeit und sein Kapital einen Ertrag herauszuwirtschaften; aber für die Ableitung des Begriffes ist diese privatwirtschaftliche Erwerbstendenz nebensächlich; Hauptsache ist und bleibt, daß er für Produzent und Konsument ein Organ der Weltwirtschaft ist und daher auch den gleichen Gesetzen unterliegt wie jede wirtschaftliche Tätigkeit überhaupt. Seine Arbeit und seine Berechtigung können nie an seinem individuell gesetzten Zweck gemessen werden, sondern einzig und allein an dem Grade seiner Dienstleistung im gesellschaftlichen Organismus der Volkswirtschaft.

Nr. 8. Es wäre nicht gerecht, den **Intendanturbeamten** einen Vorwurf deshalb zu machen, weil sie im ersten Ansturm des von ihnen zu befriedigenden Massenbedarfs für Heer und Flotte weder die Preistreiberei, noch die Schiebungen von Aufträgen und Lieferungen durch unnötige Zwischenhände verhindern konnten, sondern eher begünstigten. Verhältnismäßig schnell hat auch in diesem wichtigsten Gebiet der Kriegswirtschaft eine zentrale Organisation der Einkäufe und Bestellungen mit Preisregulierung eingesetzt. Aber es ist keine Frage, daß bei Ankauf und Bestellungen von Kriegsbedarfsartikeln Fehler gemacht worden sind, welche die Kriegführung wesentlich verteuerten. Daher erscheint die Forderung berechtigt, daß auch die Intendanturbeamten kaufmännisch geschult, an Handels-Hochschulen nach theoretischer, im kaufmännischen Kontor nach praktischer Seite hin durchgebildet werden.

Nr. 9. Auch nur eine Aufzählung der Namen und Firmen sämtlicher Kriegswirtschaftsgesellschaften, von denen viele schon liquidiert, andere neue gestaltet, wieder andere fusioniert oder in Tochtergesellschaften aufgelöst worden sind, ist kaum möglich; noch unmöglicher, ihre Organisation, ihren Aufbau, den Umfang ihrer Tätigkeit, die Angaben über Finanzierung, Umsatz, Erfolg, den Zusammenhang mit anderen Gesellschaften zu beschreiben, weil das Material hierzu der Öffentlichkeit nicht zugänglich ist, bzw. aus Kriegsnotwendigkeit geheim gehalten werden muß. Erst nach dem Kriege, wenn dieses große Material literarisch verarbeitet werden kann, wird man sich einen Begriff machen können, was Deutschland während des Krieges im Gebiete der Organisation, des wirtschaftlichen Lebens Großes und Glänzendes geleistet hat; der „Avanti“, eine italienische Zeitung, hat nicht unrecht, wenn er in dieser Beziehung scherzhaft bemerkt, Deutschland kann alles organisieren, sogar den Appetit und den Hunger.

Nr. 10. Die Staffelung **der Höchstpreise** bzw. die Festsetzung der Spannung der Preise für den Erzeuger, Großhändler, Kleinhändler und Verbraucher, wie die polizeilichen Verordnungen über die Höchstpreise überhaupt, war und ist noch immer eines der schwersten Probleme der zuständigen Behörden in diesem Kriege, weil die Höchstpreise tatsächlich den folgenschwersten Eingriff in den freien Handelsverkehr bedeuten. Zwischen der amtlichen Preisfestsetzung zu Zeiten der Zunftverfassung und der Gegenwart liegen Jahrhunderte, und in dieser Zwischenzeit überließ man die Preisbildung dem „freien Spiel der freien Kräfte“, bzw. dem Angebot und der Nachfrage, dem Markt und der Konkurrenz. An Stelle dieser organisch wirkenden Kräfte sollte nun plötzlich eine mechanische Preisordnung gesetzt werden, und zwar vom „grünen Tisch“ aus, von Theoretikern und Praktikern, von Staatsbeamten und Kaufleuten, Landwirten und Industriellen; aber wie groß auch der Scharfsinn und die Logik auf der einen Seite, Kenntnisse und praktische Erfahrungen auf der anderen Seite bei diesen Beratungen gewesen sein mögen, sie konnten die Wirkungen ihrer Maßregeln nicht voraussehen, das mußte erst die Erfahrung lehren. Ich will den Versuch machen, diese Erfahrungen hier zu skizzieren:

1. Die Höchstpreise kann man nicht generell auf die Selbstkostenpreise aufbauen, weil sowohl für

den Erzeuger wie für den Händler die Selbstkosten nicht nur auf einen bestimmten Zeitpunkt bei den einzelnen Erzeugern und Händlern sehr verschieden sind, sondern weil diese sich auch im Laufe der Zeit wesentlich verändern, ganz besonders während des Krieges: denn sie hängen ab vom Ausfall der Ernte, den Preisen Rohstoffe und Arbeitslöhne und von anderen Faktoren, die der zeitlichen Veränderung unterworfen sind.

2. Die *Grundlage der Höchstpreise* muß daher ein mehr oder weniger *willkürlich angenommener Preis sein*, der für den einen einen Gewinn, für den anderen einen Verlust bedeuten kann.

3. Jeder Höchstpreis wird sofort zum *Normalpreis* bzw. zum *Mindestpreis*.

4. Die *Höchstpreisabstufungen* zwischen den *verschiedenen Qualitäten* einer und derselben Ware, zwischen Inland- und Auslandware sind kaum durchführbar.

5. Die Höchstpreise müssen für alle Stufen des *Zirkulationsweges der betreffenden Ware vom Erzeuger zum Verbraucher festgestellt werden*. Es hat sich als verfehlt erwiesen, wenn z. B. die Höchstpreise nur für die Abgabe des Kleinhändlers an den Verbraucher, oder nur für den Großhändler, oder nur für den Erzeuger festgestellt werden.

6. Indem der *Staat* die durchgreifende Festsetzung für alle Stadien der Zirkulation einer bestimmten Ware vorzieht, legt er sich auch die *Macht und das Recht zu*, zu bestimmen:

a) *welche Glieder der Handelsorganisation als notwendig anerkannt*, und welche andere als überflüssig oder unnötig betrachtet werden. In den meisten Fällen hat der Staat bis jetzt zwischen Erzeuger und Verbraucher nur zwei Zwischenglieder, den Großhändler und den Kleinhändler, berücksichtigt; bei anderen, z. B. bei Getreide und Futtermitteln, Milch, Butter, aber auch den Großhändler ausgeschaltet, dem er bei einigen Waren, wie bei Getreide und Schlachtvieh, die Rolle eines Kommissionärs zugewiesen hat.

b) Die Spannung zwischen Ankaufspreis und Verkaufspreis für den Großhändler wie für den Kleinhändler ist die *Summe von Betriebskosten und Handelsgewinn*. Da bei den einzelnen Handelsbetrieben des gleichen Handelszweiges die Betriebskosten sehr ungleich sein können — bei 60 Betrieben eines und desselben Exportartikels hatte eine Firma mit 2,75 *M* den niedrigsten, eine andere mit 8,— *M* für je 100 kg der abgesetzten Ware den höchsten Satz —, so sind auch die Gewinne sehr ungleich, so daß bei den gleichen Höchstpreisen der eine viel gewinnen kann, während der andere mit Verlust arbeitet.

7. Unrichtige Festsetzungen der Höchstpreise können verhängnisvolle Wirkungen hervorrufen. Läßt z. B. der Höchstpreis dem Groß- oder Kleinhändler keinen oder einen zu kleinen Nutzen, so

haben diese für die Ware kein Interesse mehr; sie geben sich keine Mühe, die Ware aufzusuchen, den Erzeuger anzuregen, Vorräte hereinzubringen. Daher die beklagenswerte Erscheinung, daß fast regelmäßig alle diejenigen Artikel, welche von den Höchstpreisen erfaßt werden, vollständig und urplötzlich vom Markt verschwinden, wodurch den Konsumenten natürlich auch nicht geholfen ist.

8. Da für jede Ware die Produktion das erste und wichtigste ist, so hat auch die amtliche Feststellung der Höchstpreise in erster Linie darauf zu achten, daß der Erzeuger einen genügenden Anreiz zur Fortsetzung und zur Steigerung seiner Produktion erhält. Wenn im Interesse der Konsumenten zu niedrige Höchstpreise für Lebensmittel festgesetzt werden, bei denen der Landwirt keinen besonderen Anreiz zur Produktion hat, so kann es geschehen, daß die betreffenden Lebensmittel überhaupt nicht mehr auf den Markt kommen. Der Staat sieht sich in dieser Beziehung vor ein fast unlösbares Dilemma gestellt: steigert er die Höchstpreise über die Kaufkraft der großen Volksmassen, so müssen diese unter den Höchstpreisen leiden; wenn er aber die Höchstpreise unter eine bestimmte Grenze feststellt, so geht die Produktion zurück, so daß der Konsument entbehren muß. Der von verschiedener Seite als Heilmittel vorgeschlagene Produktionszwang würde kaum helfen, selbst wenn er durchführbar wäre.

9. Eine besondere Schwierigkeit liegt bei der Feststellung der Höchstpreise in der Verhältnismäßigkeit derselben zwischen denjenigen Produkten der Landwirtschaft, die der Landwirt wahlweise erzeugen kann, z. B. zwischen den verschiedenen Verwendungsarten der Milch: zur Aufzucht von Jungvieh, zur Kälber- und Schweinemast, zur Butter, zu Käse. Wer könnte es dem Bauer verargen, wenn er die vorrätige Milch nicht direkt dem Konsum zuführt, sondern zu Butter und Käse oder zur Viehmast verwendet, falls er hier einen höheren Ertrag erzielt? Mit polizeilichen Verordnungen und Strafanträgen ist hier nichts anzufangen, wenn man nicht zu jeder Kuh einen Polizisten stellen will.

10. Unbestritten, weil durch Erfahrung erhärtet, ist, daß die Höchstpreise, selbst wenn sie für die einzelnen Glieder der Zirkulation vom Erzeuger zum Verbraucher gestaffelt sind, für sich allein ungenügende staatliche Maßregeln sind, um den „gerechten Preis" herzustellen. Das durch den Krieg vollständig gestörte Gleichgewicht zwischen Nachfrage und Angebot erheischt kräftigere und tiefer greifende staatliche Eingriffe, als bloße Zwangspreise. Sie sind auch längst bekannt und angewandt worden: Bestandaufnahme, Beschlagnahme, Enteignung, Rationierung und Verteilung durch Staats- oder Kommunalorganisationen oder durch Kriegswirtschaftsgesellschaften. Wo diese radikalen Maßregeln streng durchgeführt werden konnten, z. B. in der Versorgung mit Brotgetreide und Zucker, sind die Höchstpreise auch nahe an den gerechten Preis herangerückt, doch

nur bei denjenigen Waren, die in ausreichender Menge im Inland hergestellt werden. Bei allen anderen, wie Fleisch, Fett, Eier usw., sind auch die Höchstpreise auf eine fast unerschwingliche Höhe gestiegen.

Alles in allem genommen, wird es sehr wenig Menschen geben, die in dem Höchstpreis und was drum und dran hängt, etwas anderes als einen durch die Kriegsnotwendigkeit gebotenen staatlichen Eingriff in den freien Handel und Verkehr sehen, den man nach dem Kriege möglichst schnell abzustellen wünscht.

Der wirtschaftliche Organismus des Gesellschaftskörpers ist eben kein Mechanismus, den man von heute auf morgen umkrempeln könnte. Dieser Organismus ist in jedem Zeitpunkt die Resultate von tausend auf ihn wirkenden Kräften, offenen und verborgenen, großen und kleinen, stetigen und intermittierenden, gleichgerichteten und entgegengesetzten. Kommt nun ein Anstoß von außen, wie z. B. die Festsetzung der Preise durch den Staat und polizeiliche Umgestaltung des freien Handelsverkehrs, so ist es nicht anders möglich, als daß dieser empfindliche Organismus nicht mehr normal funktioniert und manche Krankheitserscheinungen aufweist.

Nr. 11. Über die Ausschaltungstendenz in der Gesamtorganisation des Handels vgl. meine „Allgemeine Handelsbetriebslehre", S. 157—220. Ich habe dort den Satz entwickelt und begründet: Jedes Glied der Handelsverbindung vom Produzenten zum Konsumenten muß seine Daseinsberechtigung, seine Erwerbsfähigkeit und Erwerbsmöglichkeit mit den notwendigen und nützlichen Diensten erkaufen, die es bei der Güterzirkulation im Organismus der Volkswirtschaft verrichtet. Sobald ein Zwischenglied in der Gesamtorganisation des Handels sich als unnötig oder geradezu als schädlich erweist, so ist es in Gefahr, ausgeschaltet zu werden, oder wie Prof. Bücher sich ausdrückt: Der Handel hat die Aufgabe, zwischen Produzent und Konsument zu vermitteln, und er kann in dieser Rolle seine Daseinsberechtigung wie jeder andere Handelszweig nur erweisen, wenn er seinen Dienst der gesamten Volkswirtschaft besser und billiger leistet als es ohne ihn geschehen könnte.

Nr. 12. Die Riesenaufgabe, die Deutschland nach dem Kriege erwächst, läßt sich in drei Teile zerlegen: Abbau der Kriegswirtschaft, Wiederaufrichtung der Friedenswirtschaft und Neuorientierung, wobei eine Hauptfrage die sein wird, was von den durch und während des Krieges neu geschaffenen Organisationen in die Friedenswirtschaft herüber genommen werden kann. Diese dreifache Aufgabe verlangt von jedem einzelnen Glied der Privatwirtschaft zielbewußte Mitarbeit und Unterordnung der privaten Interessen unter das allgemeine Wohl, hingegen vom Staate finanzielle Hilfe und eine Wirtschaftspolitik, die die Wiederaufrichtung der Privatwirtschaft und ihre Wiedereinsetzung in ihr ureigenstes Gebiet der Güterzeugung und des freien Verkehrs unter Wahrung eines harmonischen Ausgleichs der Interessen zum Ziele hat. Es dürfen daher der freien Entfaltung der privatwirtschaftlichen Unternehmungslust nur diejenigen Schranken gesetzt werden, die im Interesse des Staates und Gemeinwohles liegen, um die Ausbeutung des Volkes insbesondere durch die kapitalistischen Zusammenballungen zu verhindern.

Eine der schwierigsten Aufgaben wird sein, den heimkehrenden Millionen Kriegern wieder Arbeitsgelegenheit und Verdienstmöglichkeit zu schaffen, und die Frauen aus den Waffenfabriken, Kontoren und Trambahnen wieder ihrem natürlichen weiblichen Berufe, der Hauswirtschaft, wiederzugeben. Das alles wird um so schwieriger sein, als die Kundschaft des Staates für seinen Riesenbedarf an Kriegsmaterial plötzlich, wenn nicht gänzlich wegfallen, so doch auf ein Minimum reduziert werden muß. Wenn Naumann sagt, daß während des Krieges Rohstoff in Kriegsanleihe und nach dem Kriege Kriegsanleihe wieder in Rohstoff verwandelt werden, so kann man ihm zustimmen; aber das Rätsel, wie die Rückbildung von Kriegsanleihe in Rohstoff erfolgen soll, ist damit nicht gelöst. Ich sehe die Wiederauffüllung der fast gänzlich geleerten Magazine der Fabriken und Händler mit Rohstoffen, Fabrikaten und Lebensmitteln, insbesondere in denjenigen Waren, die vom Ausland bezogen werden müssen, angesichts der schon jetzt enorm hohen Welthandelspreise für Rohbaumwolle, Kupfer, Tabak, Rohseide, Kautschuk, Getreide, Futtermittel, Fette, Fleischwaren usw. als eines der schwersten Probleme an, das durch die Währungsverhältnisse, wie die Entwertung der deutschen Valuta sowie durch die gänzlich gestörten internationalen Kreditbeziehungen noch schwieriger wird. Ohne weitgehende Staatshilfe und Mitwirkung der Reichsbank wird das Problem überhaupt nicht lösbar sein.

Eine andere Aufgabe der Privatwirtschaft ist die Rückbildung der jetzt für den Kriegsbedarf eingerichteten Fabriken zu ihrem früheren Zustand zwecks Erzeugung von Friedensartikeln, insbesondere für den Export, wobei nicht zu übersehen ist, daß niemand vorauszusehen vermag, wie schnell und in welchem Umfang der deutsche Exporthandel wieder aufleben wird.

Nr. 13. Sozialer Handel. Unter sozialem Handel, dessen Begriff ich zuerst in die Literatur eingeführt habe („Allgemeine Handelsbetriebslehre", S. 139), verstehe ich jede Art von Handelsgewerbe, die lediglich im Interesse des Staates, der Kommunen oder der auf Selbsthilfe beruhenden freien Wirtschaftsgenossenschaften betrieben werden.

Papier | Fördert gute Waldnutzung
FSC® C083411

Kolibri 360 GmbH
Ferdinand-Jühlke-Straße 7
99095 Erfurt, Deutschland
produktsicherheit@kolibri360.de